To Kyle and Seth

from Priyan

trotte marmotte

Texte de Claude Clément
illustré par Isabelle Arslanian

trotte marmotte

NATHAN

Quand vient l'hiver, dans la montagne,
la famille des marmottes se cache au fond
de son terrier bien tapissé d'herbes séchées. Elle
s'installe à l'abri du froid pour dormir pendant
de longs mois. L'ours et les petits écureuils,
même s'ils ne dorment que d'un œil, font à peu
près la même chose.

Ils s'emmitouflent et se reposent...

Mais Charlotte, la petite marmotte, ne veut pas aller se coucher. Elle a encore envie de jouer avec Eloi, le petit chamois, qui reste tout l'hiver dehors. Sa maman lui crie :

– Charlotte ! Ne fais pas la sotte ! Tu vas

geler le bout de ton nez... Viens donc au chaud dans la maison. Tu verras comme il y fait bon !
Mais Charlotte n'en fait qu'à sa tête
et, en quelques pirouettes, elle s'enfuit dans le bois avec son ami Eloi.

Découragée, la maman marmotte demande
à sa voisine l'hermine si elle veut
bien aller récupérer cette petite coquine
et la ramener au terrier.

Après avoir beaucoup cherché, l'hermine finit
par trouver Charlotte et lui dit :
– Si tu acceptes de venir te mettre au lit,
je te raconterai toutes les histoires que je garde
dans ma mémoire...
Alors Charlotte décide de rentrer à la maison.
La voilà même pressée de se coucher
sur son lit d'herbes séchées, pour mieux
écouter.

Doucement, l'hermine chuchote à la petite marmotte des légendes de sorcières et de lutins. Elle raconte si bien, qu'à la fin Charlotte s'écrie en tremblant :

– Comme c'est impressionnant ! Je ne dormirai pas ce soir... Avec toutes tes histoires, je vais avoir des cauchemars !

Déçue, l'hermine va trouver César, un très gentil vieux lézard, et lui dit :

– Il est bien tard... Aurais-tu une bonne idée pour endormir Charlotte, la petite marmotte, et, mine de rien, la décider à se coucher ?

César est un vieux malin qui, d'habitude, s'y prend très bien avec tous les petits coquins qui ne veulent pas dormir. Alors, il vient près du lit de Charlotte et lui dit :

– Je parie que tu ne sauras pas compter, sans te tromper ni t'arrêter, toutes mes écailles !

Charlotte trouve ce jeu rigolo et se met à compter aussitôt, sans se tromper ni s'arrêter, toutes les écailles que César porte sur son dos. Cela dure si longtemps qu'au bout d'un certain moment, César se met à bâiller et bientôt même à ronfler !

Charlotte est toujours éveillée, et son papa, lui, voudrait bien aller se coucher.

– J'en ai assez ! Je vais appeler le lièvre Valentin, qui est un peu magicien. Peut-être saura-t-il quoi faire ?

En arrivant dans la grotte, Valentin dit à Charlotte :

– Je vais déposer quelques grains de sable dans tes yeux, et tu feras des rêves merveilleux !

Mais pendant qu'il gratte le sable du terrier, voilà soudain que Charlotte a envie d'éternuer. Atchoum ! Elle fait s'envoler les grains de sable dans les yeux de Valentin. Et le pauvre lièvre, soudain, s'endort sans plus penser à rien...

Cette fois, les parents de Charlotte sont vraiment contrariés : ils vont se fâcher ! Mais quelqu'un frappe à la porte...
C'est un petit criquet, tout effrayé et tout gelé, qui demande timidement :
– Me feriez-vous une petite place au chaud dans votre grotte ? En échange, je vous chanterai quelques airs pour vous bercer et vous distraire...

Les marmottes veulent bien et elles écoutent les refrains du charmant petit criquet. Ses chansons sont si réussies que les marmottes, réjouies, ne pensent plus à se coucher. Même César est réveillé !

L'hermine se met à danser, Valentin à gambader et les marmottes à sautiller... Charlotte s'est tant amusée, qu'elle se sent un peu fatiguée. Elle se roule en boule et s'endort à poings fermés. Enfin !

Bientôt, tous les invités partent sur la pointe des pieds. Les marmottes se mettent au lit... Alors, pour que leurs rêves soient jolis, au fond de la tanière endormie, le petit criquet poursuit, sans se lasser, sa mélodie...

Durant toute la belle saison,
les marmottes se nourrissent d'herbes
et de racines. Aux premiers froids,
elles mangent beaucoup pour
engraisser et vivre sur leurs réserves
pendant l'hiver.

Chaque famille a son terrier : une
tanière tapissée d'herbes sèches,
aménagée sous les rochers. Chaque
hiver, les marmottes s'y blottissent
pour dormir. On dit qu'elles
tombent en « léthargie ».

Pendant leur long sommeil d'hiver,
les marmottes ne se réveillent
que quatre ou cinq fois...
pour faire pipi,
dans un petit coin de leur terrier !

A la fin du printemps, lorsque la neige a fondu et qu'il fait moins froid, les marmottes se réveillent... De nouvelles petites marmottes naissent vers le mois de juin.

Les marmottes adorent gambader dans la montagne et dans les bois en poussant des cris assez forts. Mais elles sont craintives... Et elles ont bien raison, car on les chasse pour leur fourrure !

Pendant que ses compagnes gambadent, une marmotte fait le guet sur un rocher, près du terrier. A la moindre alerte, elle siffle pour prévenir les autres du danger.

Conforme à la loi n° 49.956 du 16 juillet 1949 sur les publications destinées à la jeunesse.

ISBN : 2-09-201589-3 - N° d'éditeur : 10109325
Dépôt légal : novembre 2003 - Imprimé en France par CLERC S.A.